AF233636

NOTICE

DES LIVRES

DE LA BIBLIOTHÉQUE

De feu M. P. CH. POTHOUIN,

Ancien Avocat au Parlement, & ancien Bâtonnier de MM. les Avocats.

Dont la Vente se fera le Lundi 4 Juillet 1785, & jours suivans, quatre heures de relevée, en sa maison, rue de la Harpe,

A PARIS,

Chez DE BURE, fils aîné, Libraire, quai des Augustins, N°. 43.

NOTICE des Livres de la Bibliothéque de feu M. P. Ch. POTHOUIN, ancien Avocat au Parlement, & ancien Bâtonnier de MM. les Avocats ; dont la vente se fera le Lundi 4 Juillet 1785, & jours suivans, en sa Maison, rue de la Harpe, N°. 132.

N°. 1. 23 *Volumes* in-*folio*, dont

JOURNAL du Palais, par Blondeau & Gueret. *Paris*, 1737. 2 vol. — — — — — — — 28

Recueil de plusieurs Arrêts notables du Parlement de Paris, pris des Mémoires de G. Louet, avec les remarques de Guy du Rousseau de la Combe. *Paris*, 1742. 2 vol. — — 62

Arrêts notables du Parlement de Provence, par Boniface. *Paris*, 1670. 6 vol. — — — — — 70 — 1.

Traité des Donations, par Ricard. *Paris*, 1734, 2 vol. — — — — — — — — 13 — 19

n. 28 — Œuvres de Claude Henrys. *Paris*, 1708, 2 vol. n 27 — 10 2

Traité des Successions, par le Brun. *Paris*, 1743, 1 vol. — — — — — — — 5 — 19

Traité de la Communauté, par le même. *Paris*, 1733, 1 vol. — — — — — — 9

A

N°. 2. 25 *Volumes* in-*folio*, dont

Journal des principales Audiences du Parle-
ment, par Dufresne. *Paris*, 1733, 7 vol.
Arrêts de Bardet, avec les Notes de Betroyer.
Paris, 1690, 2 vol.
Œuvres de Bacquet *Lyon*, 1744, 2 vol.
Arrêts de Soefve. *Paris*, 1682, 2 vol.

N°. 3. 26 *Volumes* in-*folio*, dont

Offices de France, par Joly. *Paris*, 1638, 2 vol.
De l'usage des Fiefs, par Salvaing. *Grenoble*,
1731, 1 vol.
Les Edits & Ordonnances des Rois de France,
recueillis par Fontanon. *Paris*, 1611, 3 vol.

N°. 4. 32 *Volumes* in-*folio*, dont

Coutume de Normandie, par Basnage. *Rouen*,
1694, 2 tomes en 1 vol.
Caroli Molinæi opera. *Parisiis*, 1681, 5 vol.
Jacobi Cujatii opera. *Lutetiæ Parisiorum*, 1637,
6 vol.

N°. 5. 33 *Volumes* in-*folio*, dont

Pandectæ Justinianæ, in novum ordinem di-
gestæ, à R. J. Pothier. *Parisiis*, 1748, 3 v.
Corpus Juris Civilis, cum notis D. Gothofredi.
Lutetiæ Parisiorum, *Vitray*, 1628, 2 vol.
Codex Theodosianus, cum Commentariis Jac.
Gothofredi. *Lugduni*, 1665, 6 vol.
Jacobi Cujatii opera omnia. Studio C. An. Fa-
broti. *Lutetiæ Parisiorum*, 1658, 10 vol.

N°. 6. 48 *Volumes* in-*quarto*, dont

Coutume du Bailliage de Senlis , comm ntée
par de Saint-Leu. *Paris*, 1703, 1 vol. - - 29 .. 19

Coutumes des Bailliages de Sens & de Langres,
commentées par Juste de Laistre. *Paris*,1731,1 v. 22 .. 19

Coutume de Touraine, commentée par Pailu.
Tours, 1661, 1 vol. - - - - - 7 .. 10

Abrégé du Commentaire de la Coutume de
Touraine, par Jacquier. *Paris*, 1761, 2 vol. .. 10

Commentaire sur les Coutumes du Bailliage de
Meaux, par Bobé. *Paris*, 1683, 1 vol. - - 19 .. 5

Coutume de Normandie, expliquée par Pes-
nelle. *Rouen*, 1759, 1 vol. - - - - 5 .. 17

N°. 7. 45 *Volumes* in-*quarto*, dont

Actes de Notoriété, avec les Notes de J. B. Denisart. *Paris*, 1759, 1 vol. - - - 5 .. 1.

Collection de Jurisprudence, par J. B. Denisart.
Paris, 1763, 5 vol. - - - - 23 .. 19

Traité des Fiefs, par Guyot. *Paris*, 1746, 6 vol. 62 .. 8

Traité des Testamens, par Furgole. *Paris*,1745,
4 vol. - - - - - 28 .. 19

Mémoires concernans la nature & la qualité des
Statuts; le Senatus Consulte Velleïen, &c.
par Froland. *Paris*, 1729, 4 vol. - - 16 .. 19

Dissertations sur des questions qui naissent de
la contrariété des Loix & des Coutumes, par
Boullenois. *Paris*, 1752, 1 vol. - - 14 .. 2

La Jurisprudence des Novelles de Justinien,
par de Ferrière. *Paris*, 1688, 1 vol. - - 9 .. 5

Arrêtés de M. de Lamoignon. 1702, 1 vol. - 9 .. 4

Conférence des Ordonnances de Louis XIV, par Bornier. *Paris*, 1755, 2 vol.

Conférence de l'Ordonnance de Louis XIV, sur le fait des Eaux & Forêts. *Paris*, 1752, 2 vol.

Traité des droits, privilèges & fonctions des Conseillers du Roi, Notaires, par Langloix. *Paris*, 1738, 1 vol.

N°. 8. 45 *Volumes* in-douze, dont

Abrégé de l'Histoire de l'Ancien Testament. *Paris*, 1737, 10 vol.

Mémoires de Bassompierre. *Amsterdam*, 1723, 4 vol.

Mémoires ou Économies Royales d'État, par Maximilien de Béthune, Duc de Sully. *Amsterdam*, 1725, 12 vol.

N°. 9. 67 *Volumes* in-douze, dont

Missel de Paris. *Paris*, 1738, 4 vol. M. N.

Diurnale Parisiense. *Parisiis*, 1745, 2 vol. = L'Office de la Semaine-Sainte. *Paris*, 1730, M. N.

Titus Lucretius Carus, accurante S. And. Philippe. *Lut. Par.* 1748, 1 vol.

Q. Horatii Flacci carmina, accurante S. And. Philippe. *Parisiis*, 1746, 1 vol.

Phædri Fabulæ, accurante S. And. Philippe. *Parisiis*, 1748, 1 vol.

Catullus, Tibullus & Propertius. *Lug. Bat.* 1743, 1 vol.

De Imitatione Christi, libri IV, ex recensione Jos. Valart. *Parisiis*, 1773, 1 vol.

5

Pub. Virgilii Maronis opera. *Amstelodami,*
 ex officina Elzeviriana, 1676, 1 vol.
C. Corn. Taciti opera. *Lugd. Bat.* ex officina
 Elzeviriana, 1640, 1 vol.
Œuvres de Molière, *Paris,* 1749, 8 vol.
Œuvres de Rabelais. 1663, 2 vol.
Code de la Librairie. *Paris,* 1744, 1 vol.
Illustrations & remarques sur les Coutumes du
 Maine, par Bodreau. *Au Mans,* 1658, 2 vol.
Histoire du Peuple de Dieu, par le P. Berruyer.
 Paris, 1742, 18 vol.

N°. 10. 15 *Volumes* in-*folio,* dont

Nouveau Coutumier général, par Bourdot de
 Richebourg. *Paris,* 1724, 4 vol.
Œuvres d'Auzanet. *Paris,* 1708, 1 vol.
Duplessis, sur la Coutume de Paris. *Paris,*
 1726, 2 vol.
Commentaire sur la Coutume de Paris, par de
 Ferrière. *Paris,* 1714, 4 vol.
La Conférence des Coutumes, par Guesnois.
 Paris, 1596, 1 vol.
Atlantis majoris quinta pars, orbem maritimum
 continens. *Amstelodami,* Jansson, 1650,
 1 vol. *Ce volume fait le quatorzième de l'Atlas
 de Blaeu, auquel il manque quelquefois. Les
 Cartes sont fort bien coloriées.*

N°. 11. 18 *Volumes* in-*folio,* dont

Le Droit commun de la France, par Bourjon.
 Paris, 1747, 2 vol.

Traité de la Police, par Delamare. *Paris*, 1713, 4 vol.

Coutume d'Artois, par Maillard. *Paris*, 1739, 1 vol.

B. d'Argentré, Commentarii in patrias Britonum leges. *Parisiis*, 1646, 1 vol.

Coutume de Poitou, avec les Observations de L. Boucheul. *Poitiers*, 1727, 2 vol.

Les Coutumes du Maine, par Bodreau. *Paris*, 1645, 1 vol.

Remarques sur la Coutume du Maine, par des Malicottes. *Au Mans*, 1657, 1 vol.

Le Grand Coutumier du Pays du Maine, par G. le Rouille. *Paris*, 1535, 1 vol. Goth.

Commentaires sur les Coutumes de Berry, par Thaumas de la Thaumassière. *Bourges*, 1701, 1 vol.

N°. 12. 16 *Volumes in-folio*, dont

B. d'Argentré, Commentarii in patrias Britonum leges. *Parisiis*, 1661, 1 vol.

Dictionnaire étymologique de la Langue Françoise, par Ménage. *Paris*, 1750, 2 vol.

Dictionnaire de Commerce, par Savary. *Paris*, 1741, 3 vol.

N°. 13. 15 *Volumes in-folio*, dont

Dictionnaire des Arrêts, par Brillon. *Paris*, 1727, 6 vol.

Recueil de Jurisprudence Canonique, par Guy du Rousseaud de la Combe. *Paris*, 1748, 1 vol.

Œuvres de le Bret. *Paris*, 1689, 1 vol.

N°. 14. 19 *Volumes* in-*folio*, dont

Œuvres de Guy Coquille. *Bordeaux*, 1703,
2 vol.   30

Coutumes d'Anjou, par Pocquet de Livonnière.
Paris, 1725, 2 vol.   86 --- 3

Le Coutumier de Picardie & de Vermandois.
Paris, 1726, 4 vol.   33 --- 3

Les Coutumes d'Angoumois, par Vigier. *Angoulême*, 1720, 1 vol.   17 --- 10

Leggi e Coftituzioni di S. M. Re di Sardegna.
In Torino, 1723, 1 vol.   3 --- 12

Explication des Statuts, Coutumes & Ufages
obfervés dans la Province de Breffe, Bugey,
&c. par Collet. *Lyon*, 1698, 1 vol.   17 -- 3

N°. 15. 21 *Volumes* in-*folio*, dont

Les Coutumes & Loix des Villes de Flandre,
par le Grand. *Cambray*, 1719, 3 vol.   62 --- 19

Coutume du Baillage de Troyes, par L. le
Grand. *Paris*, 1715, 1 vol.   13 -- 16

Coutumes du Bailliage de Vitry en Perthois,
par Durand. *Châlons*, 1722, 1 vol.   11 - 19

Coutumes du Bourbonnois, par Auroux des
Pommiers. *Paris*, 1732, 1 vol.   16 -- 19

Les Coutumes anciennes de Lorris & Montar-
gis, par Thaumas de la Thaumaffière. *Bourges*,
1678, 1 vol.   3 - 14

Les Œuvres de Henri Bafnage. *Rouen* 1709,
2 vol.   18 --- 19

Ordonnance de Louis XV, fur les donations,   18 --- 19

avec les Ofervations de J. B. Furgole. *Tou-loufe*, 1733, 1 vol.

3 — 12 Le grand Coutumier de Normandie; par G. le Rouille. *Rouen*, 1539, 1 vol. goth.

N°. 16. 17 *Volumes in-folio*, dont

2 Tripartitum opus Decretorum & Conftitutionum Regni Hungariæ, Stephani Werbenzi. *Vienna Auftria*, 1628, 1 vol.

9 — 19 Antiquæ Conftitutiones Regni Angliæ; per G. Prynne. *Londini*, 1671, 2 vol.

25 — 2 Les Edits, Ordonnances & Jugemens notables des Eaux & Forêts; par de Sainctyon. *Paris*, 1610, 1 vol.

65 Recueil d'Edits & d'Ordonnances royaux; par Néron. *Paris*, 1720, 2 vol.

9 — 15 Traité de la Cour des Monnoies; par G. Conftans. *Paris*, 1658, 1 vol. gr. papier.

33 — 10 Compilation chronologique des Ordonnances, Edits, &c. par Blanchard. *Paris*, 1715, 2 v.

16 — 4 Les Œuvres d'Etienne Pafquier. *Amfterdam*, 1723, 2 vol.

N°. 17. 15 *Volumes in-folio*.

249 — 19 Ordonnances des Rois de France; par Secouffe. *Paris*, 1723, 12 vol.

37 — 1 Capitularia Regum Francorum, ftudio S. Baluzii. *Parifiis*, 1677, 2 vol.

47 — 19 Codex legum antiquarum, ex Bibliotheca Frid. Lindenbrogii. *Francofurti*, 1613, 1 vol.

N.°. 18 21 *Volumes in-folio*, dont

95 — 19 Hiftoire généalogique de la Maifon Royale

de France ; par le Père Anfelme. *Paris ,*
1726, 9 vol.

N°. 19. 18 *Volumes in-folio ,* dont

Julii Pollucis Onomafticon , græce & latine ,
curâ Tib. Hemfterhuis. *Amfteladami ,* 1706,
2 vol. . . . . 24 — 1

Stephanus de Urbibus, gr. & lat. cum obfer-
vationibus Th. de Pinedo. *Amftelodami.* 1678,
1 vol. . . . . 6 — 7

Athenæi deipnofophiftarum, libri. XV, gr. & lat.
ex recenfione Ifaaci Cafauboni. *Lugduni ,*
1612 , 1 vol. 33

Themiftii Orationes , gr. & lat. cum obfer-
vationibus Jo. Harduini. *Parifiis,* 1684, 1 v. . 11.

M. T. Ciceronis opera omnia , ex recenfione
Ifaaci Verburgii. *Amfteladami ,* 1724. 2 v. . 45 — 1

N°. 20. 24 *Volumes in-quarto ,* dont

Œuvres de M. le Chancelier d'Aguefleau. *Pa-*
ris , 1759 . 11 vol. . . . . 98 — 1

Queftions concernant les Subftitutions. *Tou-*
loufe , 1770 , 1 vol. . . . . 9 — 19

Commentaire fur la Coutume de la Rochelle ,
par Valin. *La Rochelle,* 1756 , 3 vol. . . 34 — 19

Nouveau Commentaire fur l'Ordonnance de la
Marine ; par Valin. *La Rochelle ,* 1766, 2 v. . 18 — 16

Siéges royaux reffortiffans directement au Parlement de Paris. *Paris,* 1776 , 1 vol. . . 8 — 19

Traité de la Mort civile ; par Richer. *Paris ,*
1755 , 1 vol. . . . . 8 — 15

Differtation hiftorique fur quelques Monnoies . 10 — 15

de Charlemagne ; par le Blanc. *Paris*, 1689, 1 vol.

Le Droit de la Guerre & de la Paix ; trad. de Grotius par Barbeyrac. *Amsterdam*, 1729, 2 vol. gr. papier.

N°. 21. 26 *Volumes in-folio*, dont

Histoire d'Angleterre ; par Larrey. *Rotterdam*, 1707, 4 vol. fig.

Les Œuvres de Loyseau. *Paris*, 1660, 1 vol.

Dictionnaire historique ; par Bayle. *Rotterdam*, 1720, 4 vol.

N°. 22. 23 *Vol. in-folio & in-quarto*, dont

La Conférence des Coutumes par Guesnoys. *Paris*, 1596, in fol.

Journal des principales Audiences du Parlem. par du Fresne. *Paris*, 1733, 5 v. in-fol.

Les Œuvres de Guy Coquille. *Paris*, 1666, 2 vol. in-fol.

La manière de poursuivre les crimes dans les différens Tribunaux du Royaume. *Paris*, 1739, 2 vol. in-4.

Conférence de l'Ordonnance de Louis XIV, sur le fait des Eaux & Forêts. *Paris*, 1725, 2 vol. in-4.

Commentaire sur les Coutumes de Meaux ; par Bobé. *Paris*, 1683, in-4.

Traité de la Noblesse ; par de la Roque. *Rouen*, 1734, in-4.

Œuvres de Henrys. *Paris*, 1708, 2 v. in-fol.

Histoire de Berry, par Thaumas de la Thaumaſ-
  ſière. *Bourges*, 1689, in-fol. . - . . .

Priviléges & Coutumes de la ville d'Amſter-
  dam , en Hollandois. *Amſterd.* 1662, in-fol. .

N°. 23.   48 *Vol. in-4. & im-12* , dont

M. T. Ciceronis opera, ex recenſione Iſaaci
  Verburgii. *Amſteladami* , 1724, 16 v. in-8. .

Abrégé de l'Hiſtoire Eccléſiaſtique, par Racine.
  Utrecht, 1748, 13 vol in-12. . . . .

N°. 24.   30 *Volumes in-4. & in-8* , dont

C. Cornelii Taciti opera , interpretatione &
  notis illuſtravit Jul. Pichon, in uſum Delphini.
  Pariſiis, 1682, 3 vol. in 4. . .

Valerii Maximi exemplorum memorabilium
  libri novem ; interpretatione & notis illuſtravit Joſ. Cantel, in uſum Delphini. *Pa-*
  riſiis, 1679 , in-4. . .

M. Fabii Quintiliani opera , cum notis variorum. *Lugd. Batav.* 1665 , 2 vol. in-8. .

Titi Livii hiſtoriæ, cum notis variorum. *Am-*
  telodami , 1665 , 3 vol. in 8.

N°. 25.   20 *Volumes in-folio* , dont

Recueil d'Edits & d'Ordonnances royaux ; par
  Néron. *Paris*, 1720, 2 vol. . .

Queſtions Notables ; par Soefve. *Paris* , 1681,
  1 vol. . . . . .

Arrêts de Bardet. *Paris* , 1690, 1 vol. . .

Le Coutumier de Picardie & de Vermandois.
  Paris

Coutume d'Orléans ; par Delalande. *Orléans*, 1704, 1 vol.

Coutume de Troyes ; par le Grand, *Paris*, 1715, 1 vol.

Les Coutumes du Maine ; par Bodreau. *Paris*, 1645, 1 vol.

Coutumier général du Comté de Poitou ; par Boucheul. *Poitiers*, 1727, 2 vol.

Les Coutumes d'Angoumois ; par Vigier. *Angoulême*, 1720, 1 vol.

Les Coutumes & Statuts particuliers de la plupart des Bailliages, Sénéchaussées, &c. du Royaume de France. *Paris*, 1550, 1 v.

Commentaires sur les Coutumes de Berry ; par Thaumas de la Thaumassière. *Bourges*, 1701, 1 vol.

N°. 26. 27 *Volumes in-quarto*, dont

Histoire des Voyages ; par l'Abbé Prevost. *Paris*, 1746, 17 vol.

Mémoires concernant la nature & la qualité des Statuts & autres Ouvrages de Froland, *Paris*, 1729, 4 vol.

Histoire du Vicomte de Turenne ; par Ramsai. *Paris*, 1735, 2 vol.

Les antiquités de la ville & Duché d'Etampes ; par Dom Fleureau. *Paris*, 1683, 1 vol.

N°. 27. 57 *Volumes in-quarto*, dont

Histoire Ecclésiastique ; par M. de Fleury. *Paris*, 1722, 36 vol.

N°. 28. 51 *Volumes in-douze*, dont

Code de Louis XV. *Paris*, 1758, 12 vol. — 13 .. 19

Histoire du Ciel; par Pluche. *Paris*, 1742, 2 vol.

Le Spectacle de la Nature ; par le même. *Paris*, 1744, 9 vol. — 24 1

N°. 29. 69 *Volumes in-douze*, dont

Sermons de Bourdaloue. *Paris*, 1716, 15 vol. — 34 .. 15 ..

Histoire Ecclésiastique ; par M. de Fleury. *Bruxelles*, 1713, 36 vol. — 48 1

N°. 30. 25 *Volumes in-quarto*, dont :

Loix & Constitutions des Colonies Françoises de l'Amérique sous le vent ; par M. Moreau de S.-Mery. *Paris*, 1 vol. — 5 .. 12

Dissertazioni sopra le antichita Italiane da Lod. Ant. Muratori. *in Monaco*, 1765, 3 vol. — 15 ..

Opere del Signor Abate Pietro Metastasio. *in Parigi*, 1780, 12 vol. in-4. gr. papier de Hollande, en feuilles. Les figures sont des premières épreuves. — 159 .. 19

N°. 31. 30 *Volumes in-quarto*.

Histoire de l'Académie Royale des Inscriptions & Belles-Lettres. 30 vol. — 175 .. 19

Lu & approuvé à Paris, ce 25 Juin 1785 , FOURNIER,

Adjoint.

Les Livres seront exposés dans l'ordre qui suit.

Lundi 4 Juillet.

Les N⁰ˢ. 9. 3. 6. 4. 5.

Mardi 5.

Les N⁰ˢ. 8. 7. 12. 13. 14.

Mercredi 6.

Les N⁰ˢ. 23. 24. 20. 15. 18.

Jeudi 7.

Les N⁰ˢ. 28. 27. 22. 21. 2.

Vendredi 8.

Les N⁰ˢ. 29. 26. 19. 25. 1.

Samedi 9.

Les N⁰ˢ. 11. 16. 10. 17. 31. 30.

On vendra au commencement de chaque Vacation des Livres qui n'ont pas pu être détaillés.